## रश्मि गुप्ता

रश्मि गुप्ता का जन्म 20 फरवरी, 1985 को सीतामढ़ी, बिहार में हुआ। उन्होंने हिन्दी में एम.ए. और फाइनांस में एम.बी.ए. किया है। वे कविता, कहानी एवं समीक्षा लेखन में सक्रिय हैं। 'सिर्फ़ तुम' उनका पहला कविता-संग्रह है। विभिन्न पत्र-पत्रिकाओं—'पाखी', 'आजकल', 'हिन्दुस्तान' आदि में उनकी रचनाएँ प्रकाशित हुई हैं। आकाशवाणी और दूरदर्शन से भी उनकी रचनाओं का प्रसारण हुआ है।

उन्हें बिहार हिन्दी साहित्य सम्मेलन द्वारा 'युवा शताब्दी सम्मान' से सम्मानित किया गया है।

सम्प्रति : असिस्टेंट प्रोफ़ेसर, आर्केड बिजनेस कॉलेज, पटना, बिहार।

ई-मेल : rashmiguptadk@gmail.com

# सिर्फ़ तुम

रश्मि गुप्ता

राधाकृष्ण पेपरबैक्स

राधाकृष्ण पेपरबैक्स में
**पहला संस्करण :** 2023



---

**राधाकृष्ण पेपरबैक्स :** उत्कृष्ट साहित्य के जनसुलभ संस्करण

---

राधाकृष्ण प्रकाशन प्राइवेट लिमिटेड
जी-17, जगतपुरी, दिल्ली-110 051
द्वारा प्रकाशित

**शाखाएँ :** अशोक राजपथ, साइंस कॉलेज के सामने, पटना-800 006
पहली मंज़िल, दरबारी बिल्डिंग, महात्मा गांधी मार्ग, प्रयागराज-211 001

वेबसाइट : www.radhakrishnaprakashan.com
ई-मेल : info@radhakrishnaprakashan.com

बी.के. ऑफ़सेट
नवीन शाहदरा, दिल्ली-110 032
द्वारा मुद्रित

**मूल्य :** ₹199

SIRF TUM
*Poems* by Rashmi Gupta

ISBN : 978-81-19092-11-6

प्रिय राज को

# भूमिका

"कविता ही क्यों?"

मैंने 'सिर्फ़ तुम' की लेखिका से पूछा था ।

वह सहज स्वर में बोली थी—"कविता इसलिए कि जब भी कोई हादसा, वस्तु या असहज करने वाला मंजर देखती हूँ, तब वह विचारों में हलचल मचा देता है। उस वक़्त एहसास शब्दों में ढलकर कविता का रूप ले लेता है । कविता त्वरित पीड़ा का समाधान है, मुझे ऐसा लगता है।"

काव्य कवित्व से पूर्ण हो तो वह स्वयं को सन्तुष्टि देती है और पढ़नेवाले के अन्दर संवेदना का संचार ही नहीं करती वरन उसे एक नई दृष्टि भी देती है हर शै को पुनः देखने की। संवेदना का वह रंग जो पढ़ने और सुनने वालों में आश्चर्य और अजनबीयत के एहसास को जन्म देता है।

कविता या ग़ज़ल किस वस्तु, दृश्य या घटना से प्रभावित होकर लिखी गई, यह कहना एक कवि के लिए बहुत मुश्किल होता है। क्योंकि वह एहसास या छवि हमेशा उसके मस्तिष्क में कायम नहीं रहती और यदि मात्र लिखने के लिए ही काव्य लिखा गया है तो वह पाठक या श्रोता की रूह तक नहीं पहुँचता बल्कि किसी तरह का छाप छोड़े बग़ैर वह उसके ऊपरी सतह से गुज़र जाता है। भावनाएँ सदा एक-सा प्रभाव अवशोषित नहीं करतीं—कोई दृश्य—कोई हादसा, दुःख या शोक या अच्छा लगने का बाज वक़्त कोई कारण या तर्क नहीं होता। वह भा जाता है या झकझोरता है और अवचेतन में हलचल बरपा कर देता है। और अनुभूति इन रंगों में घुलकर क्रम व एकरूपता पैदा करती है और इस प्रकार वह काव्य रचना की पहली शर्त बन जाती है। यदि उस क्षण को तुरन्त शब्दों में नहीं गुँथा गया या पिरोया

गया तो वह बादलों के बनते-बिगड़ते आकार की तरह एक दूसरे में विलीन हो जाते हैं।

आज के दौर में कई रिश्ते बदल गए हैं। मानवीय रिश्ते ही नहीं, रोटी और भूख के रिश्ते भी—तन और वस्त्र के रिश्ते भी—इंसान और समाज के रिश्ते भी। इन रिश्तों में शून्यता का एहसास मानव जीवन के लिए बहुत बड़ी त्रासदी है। इन्हीं शून्यता और सन्नाटे को ही तो कवि शब्द देता है तब काव्य के रूप में वह हमें उन पहलुओं से साक्षात्कार का मौक़ा देता जो हमारी दृष्टि ही नहीं कल्पना से भी ओझल होता है।

रश्मि गुप्ता के यहाँ संवेदना का यही रंग हावी है जिसको उन्होंने सामाजिक यथार्थ की कसौटी पर ढाला है।

'सिर्फ़ तुम' की कवयित्री का यह पहला काव्य-संग्रह भी इस बात के साक्ष्य के लिए काफ़ी है कि नींद के आलम में अचेतन जिस तरह बिम्बों, इशारों और मवाद का तालमेल से सपने बुनता है रश्मि के यहाँ वही काम रचनात्मक क्रिया के दौरान चेतना अंजाम देती है। रश्मि की कविताएँ यह साबित करती हैं कि परिपक्व सोच व दृष्टि के लिए उम्र कभी बाधक नहीं होती।

भूमिका में मैंने काव्य-संग्रह की कुछ कविताओं को उदाहरण स्वरूप उद्धृत नहीं किया है। मेरी समझ से ऐसा करना शेष कविताओं के साथ नाइंसाफ़ी होती। अमूमन पाठक प्रथम उन्हीं रचनाओं को तवज्जो देते हैं जिनका भूमिका में उल्लेख होता है। यदि ऐसा नहीं हो तो वे सभी रचनाओं का अध्ययन करेंगे और स्वयं अपनी प्रकृति के अनुरूप रचनाओं को ग्रहण करेंगे।

**—आशा प्रभात**

# क्रम

## कविता

ग़ज़ल

# कविता

# कोई नेत्रहीन लड़की

पलता है
कोई दुःख
बिना जड़, पत्ती और
बग़ैर टहनी के
मेरे अन्दर
मेरी ऊर्जा में बनकर हिस्सेदार
और तब अँगड़ाई लेती है
अपने अस्तित्व को लालायित
कोई कविता...
लेकिन
नहीं लिखना चाहती मैं
मात्र दुःखों से लबरेज कोई कविता
कोई भी दुःख जीवन से
बड़ा नहीं होता
जब छिड़ा होता है कहीं युद्ध
तब उसी समय
जन्म ले रहा होता है
कहीं एक जीवन...
कोई भी दुःख पर्वत जितना
बड़ा नहीं होता
पिघल-पिघलकर
बन रहा होता है वह दरिया
करोड़ों जीवन को पालने के लिए
कोई भी सवेरा

मात्र दुःख के क्रन्दन में
डूबा नहीं उगता
साथ लाता है अपने
पक्षियों का कलरव और नई आशाएँ भी
जीवन मात्र वही नहीं
जो गुज़रता है दुःखों के सुरंग से होकर...
जीवन वहाँ भी है
जहाँ गाती है
कोई नेत्रहीन लड़की
जीवन से भरपूर
आशा के गीत...।

## इस शुष्क होते समय में

इस शुष्क होते समय में
चलो
सँजोकर रखें
पुलक जैसे शब्द
जो लौटा लाएँगे बार-बार
भूले-बिसरे ख़ुशी के क्षणों को
हमारे स्मरण में...
इस क्रूर होते समय में
चलो
सँजोकर रखें
फूलों पर मँडराती ख़ुशरंग
तितलियों और
घोंसलों से सर निकाले
चूजों को दाना चुगाती
चिड़िया वाले दृश्य
जिसका स्मरण
वीराने में भी पुरसुकून रखेगा
आँखों को हरी-भरी प्रकृति के साथ
इस अति वैज्ञानिक युग में
चलो
सँजोकर रखें यादों में
पानी से लबरेज
कल-कल करती नदियों का दृश्य
या पिरो दें उसे कथा-कहानी में

जिसे अगली पीढ़ी को
सुनाने के काम आएगा
या अमर तो रहेगा
हमारा समय अपनी सम्पूर्णता व
सुन्दरता के साथ...।

# उदास मत हो ऐ मेरे मन

उदास मत हो ऐ मेरे मन
नहीं शून्य हुए हैं
तुशार खंडों से अभी पर्वत
रिक्त नहीं हुए हैं
फलों से वृक्ष अभी
शुष्क नहीं हुई है अभी
पूर्णतः नदियाँ
और जब तक
इनकी क्षीण होती धाराएँ भी शेष हैं
नहीं मर सकती यह प्रकृति
उदास मत हो ए मेरे मन।

## यक़ीन की माला

इस मौसम में
जब हो रहे बेअसर
राग मल्हार
सिमट रहे खेतों के सीने
पपड़ा रहे हैं उनके होंठ
पनिया रही हैं किसानों की वीरान आँखें
ऐसे में कौन-सा
राग गाऊँ जो
दौड़े चले आएँ मेघ मय परिवार
और बरस जाएँ धरा पर झमझमाकर
उग आए
ज़मीन का सीना फाड़ कर कोंपलें
धानी चूनर ओढ़ ले खेत
घने छतनार हो जाएँ पेड़...
इस माहौल में
कौन-सा राग अलापूँ
जिसे सुनकर
भागते आ जाएँ
बेधड़क मृगछौने मेरे पास निशंक
पहना सकूँ
उनके गले में फूलों की माला
इस यक़ीन के साथ
कि रहेंगे बरकरार
उनके धड़ों पर सर हमेशा।

## नपुंसक आक्रोश

चीख़ो ऐ बेज़ुबानो
चीख़ो...
कम-से-कम
तुम्हारे सीने से
नपुंसक आक्रोश तो निकले
क्यों नहीं फटता
तुम्हारा सीना
क्यों नहीं घुटतीं तुम्हारी साँसें
क्रोध व क्षोभ से
चार दिनों के जीवन के लिए
चार जन्मों का
इन्तज़ार क्यों
अगर कायरता ही
कवच है तुम्हारा
तो मत बहाओ
उन लूटे, उजड़े अभागे
मजलूमों की पीड़ा पर
घड़ियाली आँसू
मत कहो
तुम इक्कीसवीं सदी के
सभ्य और सुसंस्कृत इनसान हो
मत कहो गर्व से कि
तय किया है सभ्यता ने
हज़ारों वर्षों का उन्नत सफ़र

कि हर किसी को है
इस धरती पर
आज़ादी से जीने का अधिकार।

## बहुत दिनों से

बहुत दिनों से
नहीं देखी थी उसने हरियाली
फूल ए चिड़ियाएँ झरना
सुबह की लाली या
शाम की सुहानी बेला...
बहुत दिनों से
नहीं देखा था
ख़ुद से साक्षात्कार
बहुत दिनों से
हाँ बहुत दिनों से
क़ैद था वह
अर्थ के चंगुल में
जिसके दरवाज़े के परे
शेष नहीं रह जाता
और कुछ।

# भौचक है कबीरा

भौचक रह जाता है कबिरा
ये सोचकर कि
कुछ मुहावरे
अप्रासंगिक नहीं होते
शायद लिखनेवाले के सम्मुख
रहा होगा आज जैसा ही विचित्र और विकट समय
तभी तो अंकित हुआ होगा
उलटा चोर कोतवाल को डाँटे
जैसा मुहावरा
भौचक है कबीरा
ऐसा ही बेशर्म व
अनैतिकता भरा समय
जब चोरी करने के बाद
सीना तान रहा है चोर
बलात्कार करने के बाद
दीदे दिखा रहा है बलात्कारी
देश को बेचकर
देश हित के नारे लगा रहा है देशद्रोही
और
जीवन भर
इस देश की मिट्टी, पानी व
हवा में साँस लेनेवाला इनसान
इसी के दामन में दाग रहा गोलियाँ
दे रहा गालियाँ

पाँवों तले रगड़कर
ये कैसी मानसिकता वाले लोग हैं
जो धरती को रगड़कर
अनदेखे स्वर्ग के सुखों के आकांक्षी हैं
जो पाँव के तले रगड़ मसल रहे धरती को
जिनकी जिह्वा उनके पैरों के ताल पर
नारे लगा रहे।
ऐसे कृतघ्न इनसान क्या
बना सकेंगे एक स्वस्थ
समाज...देश
या जन्म दे सकेंगे
स्वस्थ मानसिकता वाली
सन्तान को...
क्योंकि ज़हरीले वृक्ष पर
कभी अमृत फल
नहीं लगता
कहता है कबीरा...

# हमारी गली के बच्चे

हमारी गली के बच्चे
नहीं ख़ुश होते या
मचलते सुनकर अब
पिपही या बाँसुरी
की आवाज़
मायूस हो लौट जाते हैं
खिलौनेवाले
हमारी गली से अक्सर...
ऐसा भी नहीं कि बच्चे
हो गए हैं
बेहिस या
तौबा कर चुके हैं
बालहठ से
नाक में दम कर डालते हैं वे
माँ बाप को हठ से
पर खिलौनों के लिए नहीं
ठायँ-ठायँ करनेवाली बन्दूक़
और निरन्तर गोलियाँ
बरसानेवाले
एके फोर्टी सेवन के लिए
शायद सयाने हो गए हैं
हमारी गली के बच्चे
वक़्त से पहले ही अब...।

# नहीं तलाशूँगी मैं

नहीं तलाशूँगी मैं
तुम में
अपना वर्तमान, भविष्य या
अपने होने का सबूत
कि मेरी मौजूदगी
एक वस्तु से ज़्यादा अहम
कभी नहीं रही तुम्हारे लिए...
नहीं चलूँगी मैं
तुम्हारे पदचिन्हों पर
रखते हुए अपने पाँव
गर्वित होते गात के साथ
की ग़ुलामों के पदचिन्ह
नहीं होते अंकित कहीं...
नहीं भटकेंगी
मेरी निगाहें सिर्फ़
तुम्हारी उँगलियों के सीध तक...
तुम जानते हो
कि हद में बँधी आँखें
हो जाती हैं बेनूर
कोल्हू के बैल की तरह
सुनो!
मेरे हिस्से का आसमान
बुला रहा है मुझे

पंख हैं मेरे पास
मात्र उन्हें
फड़फड़ाहट की है प्रतीक्षा...

## बरसात और नदी किनारे के लोग

सहम उठते हैं
कोशी एकमला ए बागमती
या और दरिया तट पर बसे लोग
पावस के दस्तक के साथ
पानी के उफान में
पलट जाती है जहाँ कितनी नावें
बह जाती हैं कितनी जानें
बुझ जाते हैं कई घरों के दीये
जो लाश की सूरत में
कई-कई दिनों बाद मिलती है
कहीं किसी झाड़ी में फँसी
सड़ी गली हुई
नहीं जलते तब कई-कई दिनों तक
कितने गाँवों में चूल्हे...
फिर भी
जाने किस बेहिसी में
जीते हैं लोग तसल्ली की धुन्ध में
भुलाकर हज़ारों दुःखों का दंश
प्रसविनी बहू बेटियों का
दम तोड़ना और
बीमार बच्चों का मौत से जूझना
दवा दारू के अभाव में
अपनों का हृदय गति बन्द हो जाना
पर

फिर-फिर वही ज़िन्दगी
जीने लगते हैं लोग
जाने समय से हार कर
या भूख से
जो मिटा डालती है बारहा
इनसान और जानवर होने का फ़र्क़।

## बेल नहीं हूँ मैं

बेल नहीं हूँ मैं
जिसे किसी सहारे की
ज़रूरत होती है
धरती हूँ मैं
जो औरों को सहारा देती है
अकाश होगे तुम
लेकिन
मेरे ही तन की नमी सोखकर
मुझे भिगोनेवाले
तुम महान कैसे हो सकते हो
तुम्हारे अन्दर तो सभी कुछ उधार का है
गर्जना-तर्जना...
रौशनी और पानी
और इन्द्रधनुष
सब भ्रम है
तुम तो बिलकुल शून्य
और खोखले हो
मैं ठोस हूँ
क्योंकि मैं ही यथार्थ हूँ
धरा हूँ, जननी हूँ...।

# सच्चा दोस्त

एक दिन धीरे से
मेरे कानों में कहा उसने
मैं तुम्हारा सच्चा दोस्त हूँ
जब भी तुम उदास होगी
तुम्हारे मन में मैं ख़ुशियों का
सागर भर दूँगा
जब कभी तुम्हारी आँखें
शून्य में भटकेंगी
उनमें मैं सुनहरे ख़्वाब भर दूँगा
जब तुम थक जाओगी
इन सामाजिक बन्धनों से लड़ते-लड़ते
तब मैं तुम्हारा संबल बन
साथ दूँगा उस क्षितिज तक
जहाँ बाधाओं और तूफ़ानों का
ज़ोर नहीं चलता
और तुममें एक नई
स्फूर्ति भर दूँगा
इन शब्दों ने
मेरे डैनों में नई शक्ति भर दी थी
और मैं
आकाश को छूने बढ़ चली थी
कि अचानक चीख़ा था
कोई वनपाखी
और
मैं सोये से जाग पड़ी थी...।

## सिर्फ़ तुम

याद है
इस निर्जन में
लगाया था हमने
फलों के फूलों के पौधे
जैसे-जैसे इन पौधों पर
शाखें फूटती गईं
मेरी उम्र भी
फलाँगती गई सीढ़ियाँ
दिन माह व साल की
और साथ ही बटोरती गई
अपनी झोली में
खट्टे मीठे अनुभव
तीखी मुलायम यादें
कितने मौसम आए
जिन्होंने
इन पेड़-पौधों को
जवानी व तवानाई बख़्शा
आज हर तरफ़ रंग-बिरंगे
बिहँसते फूल हैं
फलों से पुर डालियाँ हैं
आती-जाती रुत है
पर ताज्जुब...
नहीं हो कहीं तो
सिर्फ़ तुम...।

# कोई तो ऐसी सुबह हो

कोई तो ऐसी सुबह हो
जब भैरवी की मधुर आवाज़ पर
खुलें मेरी अधमुँदी आँखें
पत्नी का चेहरा हो तनाव मुक्त
बच्चे शान्ति से
तैयार हो रहे हों स्कूल के लिए
बस्ते में
उनके वज़न से कम हों पुस्तकें
अख़बार में
छपी हो किसी के
सुखमय दाम्पत्य
जीवन के दस साल
बिना दहेज़ की शादी
बरातियों में सिर्फ़ 'दूल्हा'
ससुराल में दुलहन की
ख़ुशी के दस दिन
मध्यम चाल में चलतीं वाहनें
सड़क पर फिसलनेवाला
वाहन के नीचे आकर
बच गया...
डाके, चोरी, हत्या
आगजनी, बलात्कार
अपहरण...
जैसे शब्द

दिखाई न दें
कोई तो ऐसी
एक सुबह हो...।

# नई किरणें झाँक रही हैं दरीचे से

नया इतिहास रचने की ओर
अग्रसर है हमारा देश
सबके चेहरों की रौनक
लौटाने को उद्धत है हमारा देश
उम्मीदों की नई किरण
झाँक रही दरीचों से
परिन्दों ने पर खोल लिये हैं
उड़ानों के लिए
पर कौन है वो
जो नहीं चाहता किरणों की
उष्मा पहुँचे सर्वत्र
कौन है जो आह्वान कर रहा
अँधेरे को
कौन है वो जो इनसानियत को
शर्मसार कर रहा...
देश की इज़्ज़त को
तार-तार कर रहा
कौन हैं वे लोग जो भूलकर
अपना कर्तव्य
मात्र अधिकार की बातें कर रहे
कौन हैं वे दरिन्दे जो भयहीन हो
कर रहे बेटियों के
अस्मत से खिलवाड़
उठिए

हम नये भारत के निर्माण का हिस्सेदार बनें
इसके विकास की राह में
बाधा डालनेवालों के
मनहूस चेहरों से नकाबों को
नोच फेंकें
और इस धरा की ओजस्विता को नमन करें।

## तुम्हारा भ्रम

किस भ्रम में
जी रहे हो दोस्त!
एक ही रंग से
बना है कभी इन्द्रधनुष
सजी है कभी कोई फुलवारी...?
वक़्त की माँग से
मुँह चुराना
हवा के विपरीत
रुख़ करना
नदी के बहाव में उलटा तैरना
सयानों का काम नहीं
यह कैसी सोच है मेरे दोस्त
जिन बातों का विरोध करते हो
उसी के साथ
जी रहे हो
हाथ में थामे
ए-के फोर्टी सिक्स
और सोच सातवीं सदी की
बल्ब की रोशनी में
अन्धे युग की बातें
ऐसा कैसे मुमकिन होगा
शायद तुम्हारी मानसिकता
कुन्द हो गई है
समय के साथ चलो

खिलने दो बगिया में
हर रंग हर क़िस्म के फूल
चहकने दो हर डाल पर परिन्दे
मत बाँधो
वक़्त के पाँवों में ज़ंजीर।

## शब्द

शब्द मात्र अक्षरों का
समूह नहीं है
शब्दों का मरना
जैसे
मरते हैं रिश्तों के नाम
शब्द ही वीर है
शब्द ही कायर
शब्द ही चुभोता है
नश्तर अन्तर्मन में
ज़ख़्म भी शब्द देता है
शब्द ही मायने बदलता है
मौसमों का
रिश्तों का
मनुष्यों का
जैसे शब्द के मरते ही
मर जाता है दिल का
उमंग, उल्लास
शब्द ही वो डोर है
जो बाँधता है रिश्ता
सवेरे का साँझ से
दिन का साल से
और जन्म का मृत्यु से...।

## लक्ष्मण रेखा

तुम्हारे वजूद से जुदा किया
उसी दम तुम्हारे मन के
आँगन में
अँधेरे ने ढलान बनाना
शुरू कर दिया
लेकिन तुम
ख्वाहमख्वाह विशाल बरगद होने
का अपना भ्रम पाले
तने खड़े रहे जबकि
तुम्हारे तने में दीमक ने
बसेरा ले लिया था
मैंने तो अपने
वजूद की
पहचान तक खो दी थी
तुम्हारे वजूद में घुलकर
जैसे घुल जाती है
हवा में ख़ुशबू
मगर बीच में तुम्हारा
एक और चेहरा जाने
कहाँ से नमूदार हो गया
जिसने खोद डाली थी
हमारे रिश्तों के दरमियाँ
गहरी खाई
जिसे लाँघना मेरे लिए

दुश्वार साबित हुआ था...
वैसे ही जैसे
सीता के लिए
लक्ष्मण रेखा...

## पावस की पदचाप

उमड़ते घुमड़ते
घने, काले, भूरे बादल
पानी से भरपूर
गरजते दहाड़ते उन्मत्त
गज की मानिन्द
टर्राते मेढक बूँदों को व्याकुल
दीवारों पर
क़तारबद्ध चलती काली चींटियाँ
सूखी, सिमटी नदी की देह
प्यासी पपड़ाई झुर्रीदार धरती
निहारती आकाश को
उम्मीदाना निगाहों से
पर नहीं बसती यहाँ
कोई...
जिसकी पलकों पर
पिया मिलन की आरजू नाचे
मोर की तरह
सिर्फ़ डर से लरज जाते हैं
इस इलाक़े के लोग
सिहर उठते हैं उनके रोम-रोम
चार महीने बाढ़ का तांडव
भूल नहीं पातीं उनकी आँखें
गुज़रे वर्षों की त्रासदी
तपती धूप, बरसती मूसलाधार बारिश को

किसी टूटे तटबन्ध, रोड या
ऊँची दूह पर बने फटे-पुराने कपड़ों के
तम्बू में झेलते
भूल नहीं पाते
गज भर प्लास्टिक के टुकड़े
मुट्ठी-भर चिउड़ा
ढेला पर गुड़ और
चुटकी भर नमक पर
होता राजनीतिक व्यापार
बूढ़े, बीमार, गर्भवती स्त्रियों को...।

## फ़क़ीर

मेले में गा रहे हैं फ़क़ीर
अल्लाह के सब बन्दे
सब बन्दे एक समान
नाच रही है फिरकी
घूम रहा है झूला
ऊपर-नीचे ऊपर-नीचे
मौत के कुएँ में
ज़िन्दगी को मुँह चिढ़ाती
भाग रही है फटफटिया
डुगडुगी बजा रहा बन्दर
उछल-उछलकर
नाच-नाचकर
तालियाँ पीट रहा
रमुआ के कन्धे पर बैठा नन्हा भोलू
जम गया है मेला
दुकानों पर लटक रहे हैं खिलौने
तरह-तरह के छोटे-बड़े
रंग-बिरंगे
चाबी से चलनेवाला भालू
कूदनेवाला कुत्ता
ढोल बजाता बन्दर
छुक-छुक चलती रेल
घर्र...घर्र चलती कार
मचल उठता है नन्हा भोलू

चलनेवाली कार के लिए
भोलू का हठ बन रहा पहाड़
रमुआ की असमर्थता
बन रही बोझ
पिता होने पर क्षोभ
और पुरुषार्थ पर लानत
बेटे की छोटी-सी साध
तीन दिनों की मज़दूरी के बराबर
लुढ़क पड़ते हैं उसके गालों पर
बेबसी के आँसू
तभी वहाँ रुकती है
लम्बी-सी एक कार
उतरता है एक खदबदा-सा बच्चा
उठा लेता है लपककर
भोलू की साध
चीख़ उठता है भोलू
रो-रोकर उठा रहा
सर पर आसमान
अचानक
फन काढ़ता है रमुआ का
नपुंसक आक्रोश
और चिपक जाती हैं उसकी उँगलियाँ
भोलू के गालों पर
बनाती नीला निशान
गा रहा है फ़क़ीर
अल्लाह के सब बन्दे
सब बन्दे एक समान...।

# रिश्तों की गहराई

आज सारी रात
मेरे ख़यालों ने
पंख फड़फड़ाए
और ख़ामोशी से
साक्षात्कार किया
रिश्तों की गहराई नापी
न जाने
किस मोड़ पर
इसकी बुनियाद सतह से
हिल गई थी
मैंने तो कुछ नहीं कहा था
मैं जानती थी इस भारी
इमारत की बुनियाद
हमेशा ही कमज़ोर होती है
कुछ तो मैंने तब भी नहीं कहा था
जब सब कुछ बेमौसम में
बहार की तरह हुआ था
तब कुछ जुड़ने का एहसास
किए बग़ैर जुड़ गया था तुमसे
तब तुम्हारे होने का एहसास
मौसम करा देता था
अब कोई भी मौसम आए
क्या फ़र्क़ पड़ता है...
जब महसूसने का वह जज़्बा
ही ख़त्म हो गया है।

# शापित बुत

युगों से
शापित बुत ऋषी
देहरी पर खड़ी हम
करतीं किसी न किसी का इन्तज़ार
अब सिर्फ़ इन्तज़ार
बनकर रह गई है
हर कहानी, हर कविता में
हारे हुए जुआरी की तरह
हम सिर्फ़ शिकवा करती हैं
शिकवा जो कमज़ोर
वर्ग का प्रतीक है
आओ हम देहरी से बाहर
आकर देखें
जहाँ दुनिया के तमाम झरोखे
खुले हैं हमारे इन्तज़ार रूपी
मौत को मारने के लिए
ज़रूरत है हम शो पीस
बनना छोड़ दें
आईना ही हमारी कमज़ोरी है
इसे तोड़ दें...
जिसने इसे तोड़ा है
उसने ही ख़ुद को पाया है...।

# ऐसा होता है प्रेम

सदियों से कुलबुलाता रहा
हर जवान होते
प्रौढ़ता की ओर बढ़ते
उम्र की आख़िरी दहलीज़ पर
पाँव रखे मानव मस्तिष्क में
कहीं होता है क्या
प्रेम नामक प्रेत
जिन या चुड़ैल
जो हरा-भरा कर देता है
कुछ ही पल में
सूखे ठूँठ पेड़-पौधे को
कि उसकी मौजूदगी
उदास तपती दोपहरी में भी
लगती है सुहाना वसन्त
कि हर शै लगने लगता है
सुन्दर-सुन्दर
जमने लगता है
अनायास ही हर किसी पर
विश्वास
कि बौने हो जाते हैं जून के लम्बे दिन भी
उग आते हैं मन में
अनगिनत डैने
छोटा-सा आँगन भी
बन जाता है मुकम्मल दुनिया

और छोटा-सा झरोखा भी
पूरा आकाश
क्या सचमुच
ऐसा होता है प्रेम?

## न देना मुझे आवाज़ कभी

न देना मुझे आवाज़ कभी
उन राहों से
जहाँ काँटे नहीं हैं
वहाँ मुझे तकलीफ़ों का
एहसास नहीं होगा
और सफ़र की त्रासदी
अगर धरोहर नहीं हुई
तो सफ़र
सुहावना क्यों कर होगा
मैं नहीं चाहती
पंख लगाकर मात्र आकाश में उड़ना
जैसे पतंग...
और मेरा भी हश्र
उन पतंगों की तरह हो
जो धरातल पर
पहुँचने से पहले ही
हाथों हाथ
लूट लिये जाते हैं
चिन्दी चिन्दी के रूप में...
न देना मुझे आवाज़ कभी
उन जल पाखियों जैसे
तैरते स्वप्निल जहाज़ों से
जहाँ सागर अनन्त है
और भँवर एक हक़ीक़त

मुझे तैरना नहीं आता
और तुम्हारे पतवार का
क्या ठिकाना
ये रिश्ते...
नाव, माँझी और पतवारों के
बहुत कमज़ोर भी होते हैं...
न देना मुझे आवाज़ कभी
मुझे तुम्हारी आवाज़ से नहीं
उसकी नमी से डर लगता है...।

## कुछ कहना है तुमसे

मुझे कुछ
कहना है तुमसे
पर कैसे?
फूल चुनूँ
ख़ुशबू के झोंके लाऊँ
तितली के सब रंग समेटूँ
झरनों के गीतों का सरगम
फूलों पर इठलाती शबनम
सब कुछ लेकर कविता कहूँ
ग़ज़ल लिखूँ...या
तुमसे तुम्हारे शब्दों में
अपने दिल की बात कहूँ...!

# अब कोई इन्तज़ार नहीं

अब कोई इन्तज़ार नहीं
थक गए हैं नयन
यथार्थ के परदे से
ढक लिया है स्वप्नों को
जब सपना ही नहीं रहा तो
साकार करने की
जहमत ही क्यों
झूठ कभी साकार नहीं होता
कुछ स्वार्थ था
कुछ मोह था
निकटता का
क्या था...
पता नहीं
मैं, मैं नहीं थी
लेकिन तू तू था
और उन बहते आँसुओं
के रूप में
मैंने अपना
मैं, पा लिया...।

# ख़ामोशी का आर्तनाद

ख़ामोशी का आर्तनाद
कैसे सुनाई देगा तुम्हें
जब छुपा लिया है
संस्कारों के कड़े खोल के अन्दर
कछुए के माफ़िक़ अपने दिलो-दिमाग़
और कान को
सदियाँ बीत गईं
हम साथ चलती रही
तुम्हारे क़दमों से क़दम मिलाकर
सर पर संस्कारों की पोटली
और कोख में लादे
तुम्हारे वंश का बोझ
इतने मनों बोझ के नीचे भी
तुमने मुझे लाचार और
कमज़ोर ही करार दिया
सिर्फ़ करार ही नहीं दिया
बल्कि जीने का अधिकार भी
छीन लिया हमसे
वो निष्ठा, मोहब्बत, समर्पण
और ममता...जिसके लिए
खटती रही सदा हम
पर कभी नहीं मिला

# बिखर गया कण-कण

बिखर गया है सब कुछ
धरा पर
कण-कण होकर
मान, सम्मान, उम्मीद, आरजू
और जिजीविषा...
गुलाबों में काँटे तो देखा होगा
लेकिन यहाँ काँटे ही काँटे
उग आए हैं चमेली के
दरख़्तों में
फूलों के चारों ओर
धीरे-धीरे वह बाड़ के
चारों ओर फैल रहे हैं
और फैलते हुए
मेरे घर-आँगन को भी
अपने गिरफ़्त में
लेने लगे हैं
अब भोर की किरनें
सुहानी नहीं लगतीं
और सान्ध्य बेला लौटती
चिड़ियों की क़तार...
उफ़ अब कुछ नहीं रह गया है
उम्मीदों का आँगन सूना
होता जा रहा है
अब वह सुनहरी छाया भी नहीं है
बिखर रही है कण-कण होकर।

## मालूम नहीं

मालूम नहीं—कहाँ तुम हो...
और कहाँ मैं
लेकिन इस तन्हा साँझ का साँझा
मेरे दोस्त
आधा तुम्हारे पास है
आधा मेरे पास
इस सुलगते लाल आसमान के
ख़ामोश शब्द
तुम भी सुन रहे हो
और मैं भी
आओ फिर से मिलकर
इस अनढोये बोझ को
बाँट लें
जो पत्थर की तरह कुछ
तुम्हारे सीने पर अड़ा है
कुछ मेरे सीने पर
और इस लम्बी ख़ामोशी को
जो तारों की तरह खींच
आई है
हमारे दरमियाँ
कुछ शब्द
उधार दे दें...।

# सैलाब

जाने किसने चुरा लिया है
मेरी सुबह होने की ख़ुशी
और शाम के उल्लास को
लम्बी दोपहरी
तनती जा रही है
सितार की तार की तरह
दिन जैसे सूली पर टँग गया है
ऐ मेरी आँखों के प्रतीक्षित पल
तुम सिमट जाओ एक कोने में
और ख़्वाबों के लिए इनमें
थोड़ी जगह दे दो
कौन जाने सपनों की घाटी में
कब भावनाओं का सैलाब
उमड़ पड़े...

## तुम नहीं आए

थक गया है सूरज
आग उगलते
जलते अपने बदन को
ठंडक के सागर में
डुबोने चल पड़ा है
पश्चिम की ओर
लेकिन तुम नहीं आए...

# उसने कहा था

उसने कहा—
तुम्हारी दहलीज़ पर खड़ा
मैं सुख हूँ
अहंकार से तुम
मुझे मत दुत्कारो
मैंने कहा
अहंकार से बड़ा होता है दर्द
तुम मेरे पैरों में
बाँध दोगे
बेबसी का पाजेब
मैं नहीं खोलूँगी
अपने अहंकार का पट
उसने कहा
मैं तुम्हारा विश्वास हूँ
दर्द से बड़ा होता है विश्वास
और पट खुल
गए थे...।

# धुरी

एक धुरी पर
नाचती वो
न जाने कैसे
ख़ुद से सामंजस्य
बना लेती है
जहाँ उसे उसके
कर्तव्य-बोध
हर कोई करा
जाता है
लेकिन उसके
कर्तव्य की
सहन-सीमा
क्या है...?
कोई नहीं बताता
और वो रोज़
सुबह से शाम
उसमें पिसती
मुस्कुराती अपने
आँसुओं को छुपाती
घूमती रहती है
कोल्हू के बैल की तरह।

## अक्स

एक अक्स
जो उभर रहा था
हृदय के किसी
कोने में...
न जाने क्यों
स्नेह होने लगा
था उससे
उसकी ख़ुशी की
परवाह रहती मुझे
ख़ुद का वजूद
भुला मैं उसमें
ख़ुद को तलाशने
लगी थी
जरा-सी थकान
क्या महसूस हुई
आँखों से वो अक्स
हटने लगा सब
साफ़ दिखने लगा
वो कोई अक्स
नहीं
वो तो मैं स्वयं थी
जो आईने में क़ैद थी...

## हम औरतें

हम औरतें
दलितों से भी
दलित हैं
क्योंकि
लड़ते हैं वे जब
अपने हक़ की लड़ाई
इस्तेमाल करते हैं हमें ही
मात्र एक औज़ार की तरह
पर जब
मुँह खोलती हैं हम
अपने हक़ के लिए
लात घूँसों और तमाचों से
बन्द कर देते हैं वे
हमारा मुँह
जानें तो हमारी भी
जाती हैं
अधिकार के नाम पर
खड़ा करते हैं वे हमें
मोर्चा के आगे
पर हक़ तो बराबरी का
कौन कहे
इनसान के नाते भी नहीं देते
हम औरतें तो
दलितों से भी दलित हैं

कामगार की तरह
अपने हक़ के लिए
विद्रोह भी नहीं कर पातीं।

## पुनः शुरुआत करना

गर कभी
तुम मिल भी जाओ
ओ मेरे बचपन!
तो नहीं अपनाना चाहूँगी तुम्हें
नहीं लौट पाऊँगी
अबोधता के उस घने अँधेरे में
पुनः अक्षरों से परिचय
डर लगता है
अपने से अधिक वज़नी
बस्ता उठाए
बच्चों की झुकी कमर देखकर
अलस्सुबह
निंदाई आँखों के साथ
कैब या बस में भेड़ों की तरह
ठुँसे हुए स्कूल जाना
फिर क्लास दर क्लास
परीक्षा दर परीक्षा
प्रतियोगिता दर प्रतियोगिता
और इस जटिल समय में
जीने के लिए गला काट स्पर्धा
अच्छे पद के लिए
पद मिल गया तो
उसे बनाए रखने के लिए
इस सारे आपा-धापी में

कहाँ रह जाता है अपना जीवन
जीने का एहसास
उम्र का ख़याल
न बचपन का
न जवानी का
न प्रौढ़ता का
तो फिर उम्र के इस मोड़ से
पुनः शुरुआत करना
क्या अच्छा लगेगा तुम्हें...।

## प्रतिशोध

तुम्हारे हाथ में है
अगर हरबा
ज़ुबान पे नश्तर
दिल में प्रतिशोध की
कामना
तो तुम जी सकते हो
इस दुनिया में
मुझे इन सब बातों को
अपने अन्दर
पैदा करने में
अभी बहुत वक़्त लगेंगे
और तुम्हारे इन
सारी बातों के इस्तेमाल
के लिए भी
कोई-न-कोई
इनसानी गोश्त तो
चाहिए तुम्हें
तो मैं ही क्यों न बन जाऊँ वह साधन
तुम्हारी साधना के
ताकि मेरे पीछे
बचे रहें और मासूम
इनसान...।

# तब समझो आया वसन्त

वृक्ष लद गए मंजरियों से
कोयल छेड़े मीठी तान
घुली मादकता पवन में
तब समझो आया वसन्त
धरती ओढ़े धानी चूनर
लाल वासन्ती छींटों वाली
अन्न-धन से गर्वीली हो
धरती का यौवन
तब समझो आया वसन्त
शिशिर ऋतु की विदा वेला में
मस्त हो भँवरा करे गुंजन
कली-कली पर हो सम्मोहन
तब समझो आया वसन्त
जब रीतने लगे ओसों के अधर
तिमिर का हो उच्छ्वास
हृदय में हो मधुर स्पन्दन
तब समझो आया वसन्त
मीठी प्रतीक्षा दुरूह पल
चंचल हो नयन प्रतिक्षण
प्रफुल्लित हो हृदय हर पल
तब समझो आया वसन्त।

## ओ सतरंगे इन्द्रधनुष

ओ सतरंगे इन्द्रधनुष!
तुम जहाँ हो
वह क्षितिज हरगिज़ मेरा
नहीं हो सकता
क्योंकि
मेरे सपनों का टूटा इन्द्रधनुष तो
मेरे आस-पास ही
बिखरा पड़ा है
और मैं
साफ़-साफ़ उसे रेतों में
बदलते देख रही हूँ
वह बदल रहा है
ठंडी चूल्हों की राख में
मासूम आँखों के कोरों में
ममता के फटे आँचल में
और
उदास धूल उड़ते खलिहानों में
परिवर्तित हो रहा है
ओ सतरंगे इन्द्रधनुष
तुम कभी किसी बचपन के
मासूम सपनों में
मत घुलना...
किसी के उम्मीदों का
छलावा मत बनना...

## स्पर्श तुम्हारा

जन्म दिया जब तूने मुझे
स्पर्श भी बड़ा प्यारा था
सबने देखा आहें भर कर
उनका तिरस्कार निराला था
पर अविरल झरते अश्रुओं के
बीच तुमने मुझे बाँहों में सँभाला था
मैंने तब पूछा था एक दिन
सबके जैसा क्या तुम्हें भी मेरे
आने का सन्ताप व्यापा था?
मुस्कुराए थे तब अधर तुम्हारे
शब्द कोमल झरे थे...
अंश है तू मेरी
क्योंकर मैं आह भरूँगी
देकर शिक्षा का हथियार तुझे
तुझमें एक नया रंग भरूँगी
बस तू जीने का वादा तो कर
मैं प्यार के पंख दे तुझे
उड़ना सिखलाऊँगी
वादा कर आज तू मुझसे
कभी न हार मानेगी जग से
हो कितना भी घनघोर अँधेरा
बन असंख्य रश्मियाँ
बिखर जाएगी तू नभ पर...

# अजीब होता है

कितना अजीब होता है
एक दुनिया में
रहते हुए
दूसरी दुनिया के
संग सफ़र करना
एक झूठ को जीते हुए
सच को दरकिनार करना
शायद
सच की ताप से
हम ख़ौफज़दा हो
उसे स्वीकार नहीं कर पाते समूल
और झूठ के छद्म में
लपेट लेते हैं स्वयं को
एक दुनिया में रहते हुए
कल्पना की दुनिया में
बहते जाने के लिए।

## विवशता

इस क़स्बे में
फैल चुका है हर तरफ़
कालिमा का साम्राज्य
हो रहे हैं रात-दिन
नये-नये ऐलान
बिछ रहे हैं
सुर्खियों में लथ-पथ
मानव मुंडों के कालीन
लग रहे हैं जातियों के क़त्ल पर
दानवी क़हक़हे
ऐसे में
सब कुछ देखते-समझते
अनजाने बने रहना
कैसी विवशता है दोस्त
लग गए हों जहाँ
होंठों पर ख़ामोशी के पहरे
और
हाथों में हथकड़ी
ताकि
बाँध न सके कोई
बिल्ली के गले में घंटी
थाम न सके
किसी जयद्रथ के विरुद्ध गांडीव
किसी दु:शासन के विरुद्ध गद्दा

किसी जयचन्द या
मीर ज़ाफ़र के विरुद्ध तलवार
आँखों के रहते
अन्धे बने रहना
यह कैसी विवशता है दोस्त।

# मैं जो तेरी कोई नहीं

मैं जो तेरी कोई नहीं
लेकिन आज भी
मौजूद हूँ
तेरे सपनों में
साँसों में
और शब्दों में
एक आह बनकर
फूटती हूँ मैं
तुम्हारे अधरों से
तुम्हारे हर सपनों की सीमा
बाँधती हूँ मैं
अपने आँचल में
और तुम्हारी हर ख़ुशी की मुस्कान
मेरे यादों तक ही तो सीमित है
झुकना डालियों का
चूमना पत्तों का
सिहरना तेरे अंगों का
थिरकना तेरे होंठों का
मेरी यादों तक ही तो हैं
मैं जो तेरी कोई नहीं...

# कुलटा

तुम लोगों ने
कुछ सोचकर ही
उसका नाम दिया होगा
'कुलटा'
क्योंकि वह धरती है
उसका वजूद है
और तुम्हारा कोई वजूद नहीं
जहाँ गहरी लकीर पड़ सके
क्योंकि तुम स्वयं को
आकाश मानते हो
जो शून्य में लटका हुआ है
परन्तु सोचकर देखो
तुम्हारे सारे कर्मों को
सिर्फ़ धरती ही छुपा सकती है
अपने दामन में...।

# मैं विवश हूँ

घर से लेकर
संसद तक विवश हूँ मैं
कहने को तो दुर्गा हूँ
शक्तिस्वरूपा...
विद्या की देवी
लक्ष्मी स्वरूपा
हमीं से है दुनिया
जना हमने मानव
सींचा ख़ून से अपने
पर देखो
कैसे बने आज वो दानव
उनकी अभद्र भाषा के
ज़हर से त्रस्त हूँ मैं
घर से लेकर
संसद तक विवश हूँ मैं
आज चाँद तक
पहुँचकर भी नारी
ज़मीं पर रहनेवाले
जानवरों से पस्त है
स्त्री हर रूप में बस
विवश ही विवश है...।

## वजूद

नहीं हैं मेरे आस-पास
छायादार पेड़-पौधे
फूलों-फलों से लदे हुए
कि दामन पसारूँ और
भर लूँ उन्हें
या आबदार झीलें
कि भर लूँ चुल्लू में
अमृत बूँद
मेरे थके क़दम
कब से चले आ रहे हैं
इस वीराने सफ़र में
अजनबियों के झुंड के साथ
झुंड में भी मैं तन्हा
सिमटी-सिकुड़ी
तन्हाई सफ़र को बना रही
और भी लम्बा
निराशा का कोहरा
सहमा रहा निरन्तर
गुम न हो जाए कहीं
इस घने कोहरे में
किसी दिन
मेरा वजूद।

# तुम्हारा उत्तरदायित्व

तुम्हारा उत्तरदायित्व
कोमल भावनाओं से भरा
और संवेदनशील है
जिसके लिए तुम
उठा सकते हो तमाम कष्ट
अनिद्रा, असन्तोष...आरोप
सुनकर ताज्जुब नहीं होता मुझे
पर
मन हँसता है पीड़ा भरी हँसी
कि दायित्व के तुम्हारे ये रूप
कितने छद्म हैं
तुम्हारी ये तड़प, समर्पण, आलम्बन
रुदन या क्रन्दन सिर्फ़ वहाँ मुखर होता है
जहाँ इनकी ज़रूरत नगण्य है
तमाम ख़ुशियाँ
तुम्हारे मन का छद्म रूप धरे खड़ी हैं
जो तुम्हें सन्तुष्ट करती हैं...
और जहाँ इनके लिए महत्त्व है
वहाँ ये सारे मौन क्यों हो जाते हैं ?
तुम्हारी अपेक्षाएँ मात्र
वहाँ से ही क्यों हैं
जहाँ तुमने किसी दायित्व का
निर्वाह कभी नहीं किया
और आज भी ठेस लगाने चले आए
चोटिल हृदय पर पुनः।

# कुछ ख़ामोशियाँ

कुछ ख़ामोशियाँ
बेज़ुबान होकर भी
कह जाती हैं बहुत कुछ
और उस बोल को
समझ कर भी अनजान बन गया था वो
वह सिर्फ़ ख़ामोश हुआ था
और उसकी ख़ामोशी
समेट ले गई थी अपने साथ
उसका चहकना, फुदकना, स्फूर्ति
और आकाश को छूने की सारी
कामनाएँ भी
जन्नत-सी लगनेवाली ये दुनिया
पत्थरों का जंगल लगने लगा था
अब उसे हर तरफ़ दिखते थे
बुत ही बुत...
चलते-फिरते बुत
एक छलावा-सा
लगने लगा था उसका वजूद
और उसी एहसास ने तो, बुतों में
शामिल कर दिया था, उसे भी
उसे अब कोई उम्मीद
नहीं किसी से
अब मालूम है उसे

जो प्रतिमा गढ़ते हैं
वे पुनः पहाड़ नहीं
बना सकते।

# अगर तुम

अगर तुम समन्दर हो तो
क्यों नहीं समेट लेते
दुनिया के तमाम इनसानों की
आँखों का खारा जल
अपने सीने में
क्यों नहीं बाँट देते
अपनी उदात्त तरंगें
ख़ुशी बनाकर
दुखी इनसानों को
जिनके ज़रिये तुम हमेशा
चाँद को पाने की तमन्ना रखते हो
अगर तुम आकाश हो
तो सुनो
सदियों से तुम्हारी
ज़्यादतियों को सहते-सहते
असहिष्णु हो उठे हैं लोग
कभी तो अपने विशाल हृदय
पर उन्हें मेघ छौने-सा
अठखेलियाँ करने दो
तुम्हीं में समाहित हैं उनकी
तमाम आशाएँ
अगर तुम हवा हो
तो सहलाओ
अपने नाजुक स्पर्श से

उन उदास पलकों को
और जर्जर बदन को
जिनका न अपनी
कहे जानेवाली
ज़मीन है और न आसमान।

# अनकही बातें

अनकही बातों का
वो जो सिलसिला था
कुछ तुम्हारी आँखों में उगा था...
कुछ मेरी आँखों में...
और होंठ
थरथराते रहे थे अनवरत
चेतना में दिपदिपाती
बत्तियों की तरह
मौन हो गए समय को
हमने
उँगलियों पर नहीं गिना था
सच मानो
यातनाओं का
यह पूरा सफ़र
मैंने अकेले ही
तय किया है!

# ऐ ज़िन्दगी

ऐ ज़िन्दगी
मेरे और तुम्हारे बीच
चल रहा ये
साँप और सीढ़ी का
निर्मम खेल
कितना त्रासद है
कि तुम्हारे मोहलत देने
के बावजूद भी
मेरी मंज़िल अभी
कितनी दूर है मुझसे
मैंने तो ज़ोर लगाया ही था
लेकिन इन हवाओं की
बेवफ़ाई ने मुझे
हमेशा ही विपरीत दिशा में
मोड़ दिया
और सारी उम्र
मेरे और मंज़िल की दूरी
साँप और सीढ़ी का
वही पुराना खेल बन
कर रह गया।

## लौट आओ

लौट आओ
उस अन्धे युग से
जहाँ दीवारों पर जानवरों के
कटे सर टाँगना
फ़ैशन माना जाता था
उस नृशंसता को भूल जाओ
और दीवारों पर टाँगो
बुद्ध का सन्देश
'अहिंसा परम धर्म'।

# समय किसी के संग चले ना

क्या करूँ अर्पण तुम्हें
अब शेष क्या है पास मेरे
सारी साँसें थीं धरोहर किसी की
बँट गई जो धूल की तरह
नदी की चेतना
हो गया विभक्त
दिवस और निशा में
दुःख क्या होता, बदलते मौसमों का
क्या बहार और खिजाँ का
मूक नयन ढूँढ़ती हैं
पल पल आज भी
अतीत को वर्तमान में
और कहती है ठहर जा
ऐ वक़्त निर्मम
तेरे पग बढ़े ना
समय आज भी
किसी के संग चले ना।

## कोई नहीं साथ देगा

कोई नहीं साथ देगा
अगर तुम अपंग हो जाओ
अपने आँगन के वृक्ष भी
छाया देने से इनकार
कर देंगे...
क्योंकि सभी की निर्भरता
तुम पर है
उन्हें भी अपेक्षा है
अपने खाद पानी की
और ये अपेक्षा ही
दुःखों की जड़ है।

# मिथ्या स्वाभिमान

हवा ने दर्प से पूछा
नन्हे पौधों से
कैसा लगा
मेरा झकझोरना
पौधे हँसकर बोले
हमें जी भरकर खेलने का
बहाना मिला...।

## एक जंग

पता नहीं
कैसे थे बीते युग
कैसी थीं गुज़री सदियाँ
पर इस युग
इस सदी में जीवन को
सीधे-सादे रास्तों की बजाय
चलना पड़ रहा है
टेढ़ी-मेढ़ी पगडंडियों पर
चुकती जा रही हैं
जिस्म की सारी शक्तियाँ
खींचते हुए इसके पहियों को
और लड़नी पड़ती है
रोज़ एक जंग अन्दर-ही-अन्दर
जलाते हुए ख़ून
सदियों में धूप
गर्मियों में छाँव
अँधेरे में रोशनी
अपने होने में
जाति विशेष और
उपनामों के हुजूम में बिखरी
अपनी पहचान के लिए
रोज़ लड़नी पड़ती है
एक जंग
अन्न, जल, गैस, तेल की

क़तारों में रेंगते-रेंगते
ज़िन्दगी का तिहाई हिस्सा
उड़ जाता है जहाँ
कपूर की मानिन्द
और ज़िन्दगी
ढूँढ़ती रह जाती है अपने होने की सार्थकता।

## सूखा

नन्ही कुसुम
झूम रही है
बारिश की पहली फुहार पर
जवा कुसुम की डाली-सी
कितनी सुन्दर लग रही हैं
हवा के लय पर
रुई के गालों की तरह
बिखर-बिखर जातीं बूँदें
बहुत प्रतीक्षा, मान मनौवल
टोना-टोटका व गीत मंगल के बाद
किसी वी.आई.पी. मेहमान
की तरह आई ये वर्षा
जाने कितनी देर ठहरेंगी
या मात्र मन ललचाकर
बढ़ जाएँगी आगे
डर रही है कुसुम
क्योंकि बारिश की चिन्ता में
बहुत दिनों से
भर नींद सोये नहीं हैं बाबा
बाबा की अनिद्रा की
साँझी बनी हैं अम्मा
और दोनों की चिन्तातुर बतकही ने
कहाँ सोने दिया है उसे भी
बाबा के साथ-साथ

सारे गाँव जवार वालों की फ़िक्र
कि अगर इस बार भी
ये मेघ नहीं बरसा तो...?

# समरथ को नहिं दोष गोसाईं

समर्थ
गढ़ी हुई परिभाषा
या तयशुदा नियमों पर
नहीं करते अमल
गढ़ते हैं वे
अपने पक्ष में
अपनी करनी के अनुकूल
कोई और परिभाषा
बनाते हैं और नियम
फ़र्क़ सिर्फ़ शब्दों का होता है
ऐसा हर युग में
हुआ है
हो रहा है
और कौन कहेगा
होता नहीं रहेगा भविष्य में भी...।

# अभिव्यक्ति की आज़ादी

अभिव्यक्ति की ऐसी
आज़ादी देख
चकित है किशोर
पढ़ा है उसने
आज़ादी के लिए प्राणों को
निछावर करनेवाले शहीदों की गाथा
पर ऐसी आज़ादी...?
किस समय में जी रहा है वो
जहाँ नैतिकता के सीने पर
पाँव धर खड़ी बेशर्मी
गला फाड़-फाड़ माँग रही
आज़ादी...आज़ादी...आज़ादी
व्यवस्था से
परिवार से
और देश से भी तथाकथित
सभ्य सोच वाले
कुछ लोग
सब कुछ ध्वस्त करने की
आज़ादी के पक्षधर बन
थपथपा रहे पीठ
उनकी
जिनके पास मात्र कृत्रिम आक्रोश हैं
न कर्तव्य बोध शेष
न नैतिकता
और न ही शर्मोहया...

# आज़ादी का एहसास

पोखरा का लेक
सैलानियों से अटा पड़ा
किनारा और मझदार
रंग-बिरंगी नौकाएँ
ख़रामा-ख़रामा जल पर
तैरती मछलियों के समान
घंटे के हिसाब से उठता
उसका किराया
एक ओर ऊँचे ऊँचे धवल पहाड़
दूसरी ओर हरे-भरे दरख़्त
दिलकश मंज़र, सुकून, बक्स मौसम
पर बीच बीच में औचक उठ जातीं
नज़रें कलाई घड़ी की तरफ़
घंटे से बँध जाता है दिमाग़
बीच लेक में
घंटों से स्थिर एक नौका
नौका बीच लेटी एक स्त्री आकृति
निहारती एकटक नीला आसमान
निश्चल, निर्विघ्न तथा मुक्त
लम्हे, घंटे व किराए के भय से
ऐसा प्यारा क्षण
मुक्ति का ऐसा दुर्लभ एहसास
काश, हो पाता
तू भी ए दिल

इतना ही बेपरवाह
भूल जाता उसकी भाँति ही
लम्हों घंटों की गिनती।

## नादान

जाने कौन-सा जुनून
सवार था उसके सर पर
जीना चाहता था वह
ख़ास लोगों की तरह
या ख़ास तरह के जीने
के वहम में
भूल जाना चाहता था
आम लोगों के दु:खों का दंश
जिसे हर रोज़ देख और भोग रहा था...
कितना नादान था वह
उस जमात में शरीक होने चला था
जिसकी जड़ें
फैली थीं पाताल तक
और शाखों पर बैठ गिद्ध
घाघ बन नोचने, खसोटने के
गुरों में माहिर हो चुके थे
न वे उसे हवाई किले में
घुसने देने को तैयार थे
न जड़ों पर प्रहार को
इसी जद्दोजहद में
भूल गया वह अपनी स्मृतियाँ
हवाई किला...तथा यह भी कि
उसे प्रहार करना है...किस पर।

## माँ कहती हैं

माँ कहती हैं
बहुत उदास हैं
तुम्हारे पापा आजकल
संघर्षों से
थोड़ा निजात के बाद
शुरू हो गया है अब
उनका तन्हाई से संघर्ष
और अक्सर याद करते हैं वे
तुम लोगों का बचपन
बचपन के लड़ाई-झगड़े
तोतली बातें
तुम लोगों के भविष्य की चिन्ता में
पंख लगाकर उड़ गए थे पल
पर उससे मुक्ति के बाद
क्या सुख के पल नसीब हुए?
नहीं
सभी कुछ सामने है
पर नहीं है तो कोई अपना
कितना बहला सकता है कोई
अपनी तन्हाई को
अतीत को याद कर
कितना रौनक भरा जा सकता है
इन तन्हाइयों में
अपनी बातों से।

## युद्ध

दो किनारों के बीच
बाँध दो
सौहार्द का ऐसा सेतु
कि किसी भी किनारे पर खड़े हों
तो भ्रम न रहे अलग होने का
जातीयता का यह महासमर, संहार
ना मालूम कब थमेगा
सीख तो लो
इतिहास के पन्नों से
जहाँ ख़ून जमकर पड़ चुका है काला
इनसान के पाशविक कारनामों का
और उनकी भूलों का ख़मियाजा
आज भी भुगत रही हैं
उनकी पीढ़ियाँ
जाने कब तक
जातीयता की यह सलीब उठाए
भागते रहेंगे
हम
चौपायों की मानिन्द
यूँ ही
अनदेखे सुखों की
मरीचकाओं के पीछे
वर्तमान को
लहूलुहान करते।

## राजधानी

बहुत-सी बातें
राजधानी में ही जन्म लेती हैं
परवान चढ़ती हैं
अख़बारों की सुर्खियाँ बनती हैं
व्यस्त देशवासियों की
आधारभूत मापदंड
साबित की जाती हैं
और वहीं ख़त्म हो जाती हैं
इतने बड़े देश को
कंट्रोल करती है
समस्त देशवासियों के जीवन-मूल्य
उनकी साँसों की क़ीमत
उनके जीने का ढंग
बेचारा अन्य भाग
जान भी नहीं पाता
राजधानी की मंशा
समझ भी नहीं पाता
विकास का पैमाना
अपने नियति
तब तक
बूढ़ी हो साँसें तोड़
चुकी होती हैं
तमाम तयशुदा बातें...

## हवाई जहाज़

हवाई जहाज़ का आना
अब नहीं रह गया है
कौतुक गाँव के बच्चों के लिए
नहीं भागते देखने उसे
ऊँचे टीले या बाँधों पर
नहीं बजाते ख़ुशी से ताली
विस्मय से नहीं भरते किलकारी
कहकर उसे चीलगाड़ी
बच्चे सयाने भी नहीं हो गए हैं
भूख से ऐंठतीं उनकी अँतड़ियों का
लक्ष्य है तो मात्र
रोटी...रोटी...रोटी...।

# एक उजली सुबह

एक उजली सुबह
जब हौले से हवा ने दी
खिड़कियों पर थाप
किरनों ने मिचमिची आँखों से
दरारों से झाँका किसी
शोख बच्चे की तरह
तो ऐसा गुमान हुआ
जैसे लौट आया है
बीता हुआ समय अपने पूरे
आब व ताब में
जब पुरवा की छुअन से जगता था
मेरे मन-प्राण में पुलक
दरारों से झाँकतीं किरनें
कराती थीं मुझे अपने होने का एहसास
पर
क्यों नहीं हो रहा आज
वैसा कुछ एहसास...

# कैसे कह दूँ

ईश्वर इन्हें क्षमा कर देना
नहीं जानते ये
क्या कर रहे हैं
सैकड़ों मासूमों की साँसें
पल में छीन लेना
सैकड़ों को बेघर कर देना
बच्चों को यतीम बना देना
उन्हें भटकने...भीख माँगने पर मजबूर करना
अपाहिजों की जमात खड़ी कर देना
कैसे कह दूँ...
ईश्वर क्षमा कर देना इन्हें
नहीं जानते ये
माँ शब्द का मानी
पिता के प्यार का एहसास
नहीं देखा है इन्होंने
फूलों का खिलना और
माँ की कोख का उभार
नहीं सुहाता इन्हें
बच्चों की किलकारी
परिन्दों की चहकार
इन्द्रधनुष के रंग और
ख़ुशरंग परों वाली तितलियाँ
जब इन सबसे अनजान हैं ये
तब क्यों ख़्वाहिश पाल बैठे हैं

कि तमाम दुनिया रँग जाए
एक ही धूसर रंग में
कैसे कह दूँ
कि ईश्वर क्षमा कर देना इन्हें
नहीं जानते ये अपने नापाक
ख़्वाहिसात का मानी...?

## मुस्कुराई धरा

बाँहें पसारे
उतरा था आकाश
अपनी विशाल भुजाओं में
धरा को बाँधने को आतुर
मुस्कुराई धरा...
बाँहों में सिमटकर
भला मैं क्या रहूँगी
तुम विशाल हो
चाँद, सूरज, तारे
ये ग्रह ए नक्षत्र सब
तुमसे समाहित हैं
लेकिन मुझे सार्थक
करने दो
अपने नामों की परिभाषा
और सहने दो
अपनी तर्जना गर्जना
तड़प व छटपटाहट और
ढोने दो
अपने आर्द्र
आँसुओं का बोझ।

## कई कई शेड्स

पहले
घना अँधेरा था
राहों में
बहुत डरावना पर
ख़तरनाक नहीं था
अब
उजाला ही उजाला है हर तरफ़
मगर
कई कई शेड्स में...

# आदमी

हवाएँ मूक सी हैं
दिशाएँ चुप सी हैं
कुछ न कुछ होने का एहसास
और कुछ खोने का एहसास
सब गड्डमड्ड होकर रह गया है
चीख़ती-चिंघाड़ती
हवाओं का एकदम से
मूक बन जाना
और दिशाओं का
चुप हो जाना
आनेवाले तूफ़ाँ का संकेत
दे रहा है
खंदकों में सर छुपाकर
जानवरों की तरह
क्यों जीता है आदमी।

# चाँटा

क्या ऐसा होता है सचमुच
कि नहीं मारे हम चाँटा
फिर हम चाँटा खाने से
रह जाएँ वंचित
ऐसा नहीं होता सच में
कहीं किसी सड़क पर
चल रहे होते हैं हम
अपनी सोचों में मशगूल
अचानक
कहीं किसी गली से
निकलता है कोई
नितान्त अपरिचित
और जड़ देता है
हमारे गाल पर
थप्पड़
और फिर विलुप्त
हो जाता है
किसी गली में
हमें अवाक् छोड़कर
गाल को सहलाते
अपनी स्थिति पर भौचक
तब आसान क्रिया-कलाप से
शर्मिंदा

झट बढ़ जाते हैं हम
आगे किसी ने
देखा तो नहीं...।

# पिता

पिता उस चिड़े
की तरह होता है
जो तिनका-तिनका जोड़कर
घोंसले का निर्माण करता है
कड़ी धूप, बरसात और
तूफ़ान से जूझकर अपने
बच्चों के लिए दाना लाता है
बड़े चाव से चूजों को
उन्नत आकाश में
उड़ना सिखाता है
ताकि एक दिन वे निर्द्वंद्व हो
उड़ सकें उन्मुक्त गगन में
और जब उनके डैनों में
शक्ति आ जाती है तो
सबसे पहले वे उस घोंसले को ही
छोड़ते हैं...
पीछे मुड़कर देखते तक नहीं कि
अशक्त हो आए पंखों के साथ
वृद्ध पिता कैसे निहार रहा
आस भरी निगाहों से
उनके लौट आने की राह।

## दुविधा

कैसी दुविधा आन पड़ी है,
आज यह मुझ पर,
इक मौसम बाहर है,
और इक मन के अन्दर,
सावन रुत में अँखियाँ डूब रही हैं मेरी
रश्मि उसका मन है या है कोई पत्थर

# माँ शारदे

माँ शारदे
हम हैं अज्ञानी
तू हमें ज्ञान दे
तू अक्षर की देवी
सुरों की सरिता
हटाया है तूने
सदा अज्ञान का अँधेरा
माँ शारदे माँ शारदे...

# जब फागुन जवान हो गया

जब फागुन जवान हो गया
हर कोई मस्तान हो गया

देख के खेतों की हरियाली
राजा हर किसान हो गया

कुहू कुहू करती कोयलिया
बाग़ बग़ीचा गुंजार हो गया

ऐ आली क्या निरखे हर सू
क्या तू भी बेईमान हो गया

कलियों ने अवगुंठन खोले
भौंरे का मन शैतान हो गया

क्या जाने क्या कहा पवन ने
मन मोरा हैरान हो गया

चन्दा आज न आए द्वारे
गोशा-गोशा वीरान हो गया

छींटे की चूनर ओढ़ के देखो
दुल्हन खेत खलिहान हो गया

बहे गुलाबी पवन वसन्ती
हर कोई जवान हो गया।

## नवजीवन

मोहक सुगन्धित सुमन तरु
उस पर बूँदों की फुहार
मस्त-सावन की बेला में
आओ कर लो तुम मुझसे
तनिक मनुहार
सोंधी सुगन्ध मदमस्त मोहक में
अविकल अविरल ये मिलन राग
सुध-बुध खोकर नवजीवन का
कमल खिलने को है फिर तैयार।
मेरे हिस्से की ज़मीन...
कोल्हू के बैल सरीखे
रसोई और तुम्हारे
शरीर के गन्ध के चारों ओर
तितलियों की तरह
ख़ुशरंग परों को फैलाए
तुम्हारे ईंट गारे के मकान के
जिसके फ़र्श को लीपती, पोंछती
चमकाती रही हमेशा
तुलसी चौरा पर दीप
जलाकर माँगते रहे मेरे हाथ
सदा तुम्हारी
सलामती की दुआएँ
चहारदीवारी के परे की
दुनिया से अनजान

फिर भी
एक दिन कह ही दिया तुमने
कोई जगह नहीं है
तुम्हारे लिए इस घर में
और तब
मेरे अन्दर पसरी ख़ामोशी के
आर्तनाद ने
टुकड़े-टुकड़े कर डाले
मेरे वजूद के छद्म को
ताक पर बैठे सोचों ने
अकचकाकर देखा मेरी तरफ़
उनके तिरछे होंठों ने
तंज किया मुझ पर
इतने-इतने रूप और
नामों के बाद भी
रही आज तक
बेज़मीन और बेमकां ही...?

# ग़ज़ल

## 1

अब आँसुओं को इजाज़त नहीं बहाने की
चुका रही हूँ मैं क़ीमत भी मुस्कुराने की

ख़ुद अपने आप में रहना पसन्द है जिनको
उन्हें तलब ही नहीं बेरहम ज़माने की

जो लौ लगाए हुए हैं ख़ुदा की रहमत से
उन्हें हवस ही नहीं है किसी ख़ज़ाने की

मैं छान आई हूँ अपने जुनून से सहरा
यहाँ पे बात न कीजे किसी दीवाने की

सिखा रहा है वही राग-रागिनी मुझ को
जिसे है शौक़ बहोत बेसुरा सा गाने की

तुम्हारा घर न उसी आग में झुलस जाए
कभी न सोचो पड़ोसी का घर जलाने की

ख़ुद अपने मन को बनाया है प्रेम का मन्दिर
मुझे तलब ही नहीं अब किसी ठिकाने की

क्यों रोनेवालों की तस्वीरें लेने लगते हो
ज़रा करो कभी कोशिश उन्हें हँसाने की

बड़े से शहर से अब ऊब सी गई रश्मि
अजीब ज़िद है मेरे दिल की, गाँव जाने की

## 2

ख़ुद अपने आप को ही हमसफ़र बना लिया है
अँधेरी रात में दिल का दिया जला लिया है

उजाले फैलें तो सुन लेंगे दास्ताँ मेरी
जो हाले दिल है अँधेरों को ही सुना लिया है

कभी हवेली हुआ करती थी मोहब्बत की
गुज़रते वक़्त की आहों ने इसको खा लिया है

हैं सुर्ख़ आँखें, झुकी है कमर बुढ़ापे में,
यूँ लग रहा है के बच्चों को आज़मा लिया है

उभरते-छुपते घटाओं से खेलता चन्दा
चकोर वाली तड़प को लगा, रुला लिया है

जो अब मिलेंगे तो हरगिज़ जुदा नहीं होंगे
समझ तो आई, अब, आपने सता लिया है

वो गाँव आया था ख़ुशियों का बन के सौदागर
ख़रीदे ग़म सभी, मैंने ही धोखा खा लिया है

कोई मदद को न आया मुझे बचाने को
समय की बाढ़ ने 'रश्मि' का घर बहा लिया है।

## 3

फ़ायदे के साथ कुछ नुक़सान तो होता ही है
इश्क़ में हर तरह का सामान तो होता ही है

गर कोई मेहनत करे तो कुछ भी ना मुमकिन नहीं
वक़्त पे उस शख़्स का सम्मान तो होता ही है

इस जहाँ में कौन रह पाया हमेशा के लिए
इक न इक दिन मौत का फ़रमान तो होता ही है

दाग़ भी मौजूद है उस पूर्णिमा के चाँद में
आदमी अपने लिए अनजान तो होता ही है

ज़िन्दगी को अपने बलबूते कोई जीता नहीं
सच है के माँ बाप का एहसान तो होता ही है

यह अलग है सच को झुठलाने में रहते हैं मगन
मुद्दे से भटके हुए को ध्यान तो होता ही है

## 4

हर एक रंग ओ रूप में दर्पण दिखाती है
दरअसल ज़िन्दगी हमें जीना सिखाती है

चाहत है सिर्फ़ तुझको ही पाने की रात-दिन
मासूम-सी है ज़िद, मेरी ख़्वाहिश जगाती है

देखा है मुझ-सी लड़की ने हर दौरे इन्तहा
लेकिन नहीं शिकस्त किसी से भी खाती है

रोटी तलाश मत करो, लौट आओ गाँवों में
दामन पसारे माँ तुम्हें अब घर बुलाती है

देखा है रश्मि मन्दिर ओ मस्जिद को उम्र भर
इनसानियत तो सिर्फ़ मुहब्बत सिखाती है...

## 5

कभी पर्वत कभी सागर कभी दरिया की सूरत हूँ
मैं इक नारी हूँ और हर एक रिश्ते की ज़रूरत हूँ

कई पंछी उड़े लौट आए फिर मस्तूल पर मेरे
ठिकाना देनेवाली बहती धारा में ज़रूरत हूँ

मेरी ऊँची हवेली में चिराग़ाँ होता था पहले
खंडर बनकर खड़ी हूँ आज और तस्वीरे हसरत हूँ

ये दुनिया तो बड़ी है और मेरी आरजू छोटी
मयस्सर जिस क़दर दुनिया से है मैं उससे सहमत हूँ

चली जाऊँगी रश्मि बज़्म से एक दिन मैं चुपके से
तो मेरी क़दर कीजे जब तलक भी हूँ, ग़नीमत हूँ

## 6

ख़्वाहिशे दिल है अब भी अधूरी कौन यहाँ पर प्यार करे
बैठे बिठाए इश्क़ की ख़ातिर वक़्त अपना बेकार करे

देश प्रेम के झूठे दावों से तो काम नहीं चलता
बन के प्रहरी अपने लहू से देश का वो शृंगार करे

नफ़रत की ज्वाला है फैली हर मंज़र है धुआँ-धुआँ
प्रेम के शीतल जल से कोई अम्न का फुहार अब करे

बनिये की दुकान में अब है महँगाई की मार बहुत
ऐसे में मजबूर है औरत क्यों न देह व्यापार करे

क़दम क़दम पर छल है, कपट है, क़दम क़दम पर धोखा है
रस्ता ए दोस्त नुमा दुश्मन का कैसे कोई स्वीकार करे

लहरों को खेने की ख़ातिर तो पतवार ज़रूरी है
दु:ख की अकेली कश्ती कैसे उम्र का दरया पार करे

खरी खरी कहने की ख़ातिर, रश्मि हैं बदनाम बहुत
कह दिया है मैंने दुनिया से अपना हद न पार करे

## 7

क्या बताऊँ के क्या बला है इश्क़
ज़िन्दा रहने का सिलसिला है इश्क़

ख़ूबसूरत सा पहले पहले है
बाद में वाकई सज़ा है इश्क़

सिर्फ़ ख़्वाबों ख़यालों की बातें
बस तसल्ली है, और क्या है इश्क़

मेरे मन्दिर में तेरी मस्जिद में
बन के बैठा हुआ ख़ुदा है इश्क़

सदियों सदियों के बाद भी हर दम
जग में सब के लिए नया है इश्क़

इश्क़ मौजूद सब में है लेकिन
रश्मि हर एक का जुदा है इश्क़

## 8

बेला, चमेली, रात की रानी, गुलाब की
कैसी मिसाल दोगे भला इंतख़ाब की

आँखों में मेरी झाँक के मदहोश हो गए
तासीर इस क़दर तो नहीं, थी शराब की

बस उनसे मिलनेवाली थी, और नींद खुल गई
ताबीर कैसी होगी भला मेरे ख़्वाब की

बेजार हो गई थी मैं उसके सुलूक से
कोशिश भी उसने उतनी नहीं कामियाब की

देखा जो मुस्कुरा के तो दिल में उतर गई
इतनी हैं धारदार निगाहें जनाब की

छीनी शरीर आँखों ने मासूमियत मेरी
उसकी शरारतों ने ही आदत ख़राब की

पढ़ने लगी हूँ मदभरी आँखों से अब सबक़
रश्मि को अब नहीं है ज़रूरत किताब की।

## 9

देख रही हूँ इस दुनिया को हैरत से
जी नहीं सकता क्या कोई भी इज़्ज़त से

गिद्ध नज़र हर इक की हर यौवन पर
आने लगी घिन मुझ को सस्ती शोहरत से

उस की आस में आँखें बिछाए बैठी हूँ
कह गया था वो जल्द मिलेंगे फ़ुरसत से

हौसले ने दामन तो नहीं छोड़ा मेरा
काँटों पर चलती रही अपनी हिम्मत से

बाग़ कहीं दुकान कहीं घर जलते हैं
बाज़ नहीं आते जो मज़हबी नफ़रत से

चौदवीं रात को उस ने कहा था ख़ुद मुझ से
मिलता है चाँद का चेहरा तेरी सूरत से

कितने जतन से पालते हैं माँ बाप हमें
पीछा छुड़ाते बच्चे कि यूँ हैं ख़िदमात से

दरवाज़े से आँखें पूछती हैं रश्मि
रास्ता कोई भूल गया है मुद्दत से

## 10

अब मुझे वो बुलाते नहीं हैं
हक़ वफ़ा का निभाते नहीं हैं

दिल लगाना है बस एक से ही
हर किसी से लगाते नहीं हैं

आज़माता है तूफ़ान तो क्या
हम दिए को बुझाते नहीं हैं

शर्त होती नहीं दोस्ती में
दोस्त यूँ आज़माते नहीं हैं

उनकी हिम्मत बढ़ी जा रही है
आईना हम दिखाते नहीं हैं

ख़ुद सँवरते हैं हम आईने में
आईना को सजाते नहीं हैं

हम तो रश्मि करें मेज़बानी
वो मगर घर बुलाते नहीं हैं

## 11

दिल में बसते थे, निगाहों से उतरने लगे हैं
कल जो अपने थे वही दुश्मनी करने लगे हैं

देखते ही मुझे कल राह में रुक जाते थे
अजनबी बन के वही आज गुज़रने लगे हैं

चुप अगर हैं तो शराफ़त का तक़ाज़ा है यह
कि यूँ समझते हैं के सब आप से डरने लगे हैं

मुझको मालूम है दर्पण की करिश्मा साज़ी
अनगिनत चेहरे इन आँखों में सँवरने लगे हैं

सब ख़ता करते हैं, ऐसा तो नहीं होता है
आप तो मुझ पे हर इल्ज़ाम ही धरने लगे हैं

ज़िन्दा रहने के इरादे से करे इश्क़ कोई
इश्क़ वाले तो शुरुआत में मरने लगे हैं

मैं यहाँ सब से अलग, सब से जुदा हूँ 'रश्मि'
लोग तो भीड़ में ख़ाली जगह भरने लगे हैं

## 12

अजब तरह के हैं हालत ज़िन्दगी के लिए
भटक रही हूँ अँधेरों में रोशनी के लिए

मैं दुश्मनों से मिलूँ कैसे दोस्ती के लिए
ऐ मेरे दिल तू कहीं और चल ख़ुशी के लिए

हज़ार दावे करें मतलबी जहाँ वाले
मगर नहीं है यहाँ कोई भी किसी के लिए

यहाँ तो रात से डरने की रस्म ख़त्म हुई
उजाला भी नहीं महफ़ूज़ आदमी के लिए

ये इश्क़ वक़्त से पहले ही मार डालेगा
निकल पड़े हैं कहाँ आप ख़ुदकुशी के लिए

ज़ुबाँ ख़ामोश, निगाहों में पड़ गए पर्दे
सदाएँ देने लगा कौन रहबरी के लिए

रदीफ़, क़ाफ़िया, और बहर तो सलामत है
कहाँ से लाऊँ ख़यालात शायरी के लिए

किसी भी पल का भरोसा तो है नहीं रश्मि
जतन करेगा भला कौन इक सदी के लिए

## 13

मोहब्बतों का कोई सिलसिला नहीं रहा है
यक़ीन जानो मुझे भी गिला नहीं रहा है

यह कैसी आग बरसने लगी है सावन में
कोई भी फूल चमन में खिला नहीं रहा है

बदल गई है तबीयत कुछ इस तरह उनकी
मेरे खुलूस का कोई सिला नहीं रहा है

बहोत यक़ीन दिला कर बड़ी मोहब्बत से
कोई तो ज़हर वफ़ा का पिला नहीं रहा है

कि यूँ हो रही हैं ये बेनूर सी मेरी आँखें
वो रश्मि मार के मुझ को जिला नहीं रहा है?

## 14

उदास मन से ख़ुशी का बयान क्या होगा
हमारे जैसों का अब इम्तेहान क्या होगा

जहाँ पे झूठ वो नफ़रत का बोल बाला हो
वहाँ पे सच का कोई कद्रदान क्या होगा

वो जिनकी आँखों में दौलत का नशा रहता है
उन्हें किसी के सकूँ का ख़याल क्या होगा

हर एक शाम हर एक रात तन्हा तन्हा सी
तेरे बग़ैर ये सारा जहान क्या होगा

## 15

फ़रिश्ते बन के हैं शोहरत के नीले आसमानों पर
लगाते हैं वही पाबन्दियाँ मेरी उड़ानों पर

हमारा तन हमारा मन सभी क़ुरबान धरती पर
लहू से लिख दी है तहरीर सरहद की चट्टानों पर

वहाँ है गोपियों की झुंड में बंसी लिये कान्हा
अकेली मीरा पागल हो गई मुरली की तानों पर

रवैया मुझ को अपनों का समझ में क्यूँ नहीं आता
चढ़े हैं तीर नफ़रत के मोहब्बत की कमानों पर

करो ख़ुद बाजुओं से कश्तियाँ खेने की अब कोशिश
निशाना साधना वो चाहते हैं बादबानो पर

उतर कर चाँद अब ख़ुद आ गया है मेरे आँचल में
मुनव्वर हो गई मैं एक दम कितने जहानों पर

यहाँ तक लानेवालों को भी मुजरिम क्यूँ नहीं कहते
सजे नारी ही क्यों हर दम हवस की इन दुकानों पर

मैं अपनी लेखनी से सब को उत्तर देनेवाली हूँ
लगा दूँगी मैं 'रश्मि' ताले लोगों की ज़बानों पर

## 16

जुबाँ ख़ामोश दिलों पर हों ढेरों ज़ख़्म जहाँ
वहाँ वफ़ा का भी नामो-निशान क्या होगा

जिधर भी देखिए हर सम्त ख़ूनी मंज़र है
मेरे भविष्य का हिन्दुस्तान क्या होगा

वफ़ा की राह में 'रश्मि' हैं फ़ासले कितने
मुझे बताओ के फिर दरमियान क्या होगा

## 17

तेरी ख़ुशी के लिए ही मैं मुस्कुराती हूँ
विरह के गीत को सावन में गुनगुनाती हूँ

लहू बरसता है दिन रात मेरी आँखों से
ख़ुद अपने आप को न चाह कर मनाती हूँ

ख़ुद अपनी चीख़ दबाने का यह तरीक़ा है
मैं गूँगों बहरों की बस्ती में रोज़ जाती हूँ

कोई तो जागा शायद प्रेरणा लेगा
मैं बेहिसों को तो क़िस्से बहुत सुनाती हूँ

इन आँसुओं से क्या बंजर ज़मीन सींचूँगी
क्रोध मन में लिये प्यास मैं बुझाती हूँ

## 18

नज़र झुका के उसे देखना भला-सा लगे
मेरी वफ़ा के लिए वो मुझे ख़ुदा सा लगे

बचा के नज़रें शरारत से देखना मुझको
किसी का देखना सब से जुदा जुदा सा लगे

किया है इश्क़ तो ग़म हिज्र का भी सहना है
बिछड़ गए हैं मगर वो न बे वफ़ा सा लगे

वो हमसफ़र है मगर उससे हमनवाई नहीं
वो साथ रह के भी मुझ को जुदा जुड़ा-सा लगे

निकल पड़ी हूँ मैं कश्ती को ले के तूफ़ां में
मुझे तो मौत ही अब मेरा ना ख़ुदा सा लगे

मैं जब भी देखूँ उसे और भी सँवर जाऊँ
वो झील आँखें मुझे कोई आईना सा लगे

किसी के चेहरे की कुछ झुर्रियाँ बता रही हैं
हर इक नक़्श तो मुझे मानिन्द ए तजुर्बा सा लगे

मैं कैसे पूछूँगी अपनों से राह मंज़िल की
तलाश ग़ैरों में कोई तो रहनुमा सा लगे

वो क़त्ल कर के बहोत पुर सुकून है रश्मि
सुकूँ की नींद में वो शख़्स दिलरुबा सा लगे

## 19

मुझे भुला के कहाँ ज़िन्दगी गुज़ारोगे
पड़ेगा वक़्त तो तुम्हीं मुझे पुकारोगे

उदास हो के वफ़ाओं से मत करो इनकार
रहोगे साथ तो ख़ुद को बहोत उभारोगे

हमें भी साथ लिए जाओ बादबाँ की तरह
अकेले मौजों में कश्ती कहाँ उतारोगे

पनाह देगा न कोई भी यह ख़याल रहे
हमारे पहलू में आओगे शब गुज़ारोगे

जो ग़ैर हैं, नहीं उन से तो आशनाई मेरी
तुम्हीं तो हो जो मेरी ज़ुल्फ़ को सँवारोगे

कभी मिलेगी न ख़्वाहिश की इन्तेहा कोई
हवस करोगे तो एक रोज़ जग से हारोगे

हमेशा मैंने सितारों से गुफ़्तगू की है
मेरे ख़ुदा! वो मेरा चाँद कब उभारोगे

हमें ख़बर है हो बहरूप भरने में माहिर
हमारे सामने तुम कैसे रूप धारोगे

बहोत से होंगे सुख़नवर मैं जानती हूँ मगर
ग़ज़ल की बज़्म में रश्मि को ही निहारोगे

## 20

तेरी निगाह में रहकर सँवरना चाहती हूँ
तू आईना है मैं तुझ में उतरना चाहती हूँ

जुनू की आख़री हद तक था इन्तज़ार तेरा
मैं वापसी का सफ़र आज करना चाहती हूँ।

इसी उमीद पे, शायद के तू नज़र आए
तेरी गली से आज फिर गुज़रना चाहती हूँ

हर एक रिश्ता है मसरूफ़, किसको फ़ुरसत है
मैं ऐसे रिश्तों से बिलकुल मुकरना चाहती हूँ

समझ रहे हैं के ख़ामूश सी नदी हूँ मैं
तमाशा ख़ूब हुआ, अब बिफरना चाहती हूँ

यहाँ तो क़त्ल फ़क़त जिस्म का नहीं होता
जो स्वाभिमान ही न हो तो मरना चाहती हूँ

यही तो मेरे लिए इम्तेहान है रश्मि
वरक़ वरक़ यूँ ही ग़ज़लों से भरना चाहती हूँ

## 21

रात आई तो तड़पने के बहाने आए
अश्क आँखों में होंठों पे तराने आए

फिर तसव्वुर में ही, हमने रूठकर, बदले पहलू
फिर ख़यालों में ही, वो हमको मनाने आए

उनके कूचे में यूँ उम्र, गुज़ारी, हमने
जैसे कई जन्म की खैरात, चुकाने आए

उनकी इनायत की, कुछ बात न पूछो लोगो
ज़ख़्म देकर वो मरहम...भी लगाने आए

जज़्बा, दीद तसव्वुर में लिये रश्मि
अपनी आँखों में लिये...ख़्वाब पुराने आए

## 22

दिल मेरा अब कितना बेजार होगा
बिन तेरे जीना मेरा दुश्वार होगा

बादलों ने बदल लिया है रुख़ अपना
रस्ता देखना मेरा अब आजार होगा

क्यों आज रुकती नहीं हैं हिचकियाँ
दुश्मने जाँ मेरा वो बीमार होगा

लगा कर गले वो सनम पत्थर हो गया
तरासेगा जो यारों का यार होगा

बढ़ने लगी है सरहदों पर गर्मी बहुत
अब कहाँ रश्मि आपस में प्यार होगा

## 23

यादों में तेरी हर हद से गुज़र गया कोई
तड़प इतनी की इस जहाँ से गुज़र गया कोई

उसके आने की जब कोई ख़बर न मिली तो
अपने वादों से भी मुकर गया कोई

कैसे लिखती मैं उसको हाल अपना
पास रहकर भी गुमनाम कर गया कोई

कभी हम पर्दा-नशीं के दीवाने थे बहुत
दिखा के ख़ौफ़-ए-मंज़र बेपर्दा कर गया कोई

न चाँद की चाहत की न सितारों से की उम्मीद
दिखाकर आसमान सारा ज़मीन भी ले गया कोई

बेख़ौफ़ मुसल्सल मंज़िल पर जब चली
मुतमईन रहो रश्मि ये दुआ कर गया कोई

## 24

चाँद तारों से हम आगे निकल गए होते
एक लम्हा भी गर जो तुम बदल गए होते

हादसों के आने की कोई जो आहट होती
तो चमन के फूल व पत्ते सँभल गए होते

तेरी यादों ने सदा की है दिल पे सरदारी
वरना रिश्तों के कई मोड़ मिल गए होते

रक्श न करता आज दर पे मेरे अँधियारा
उम्मीदों के कई दीप जल गए होते

## 25

यह अलग है सच को झुठलाने में रहते हैं मगन
मुद्दे से भटके हुए को ध्यान तो होता ही है

मज़हबी झगड़ों से लेती है सियासत फ़ायदा
आम लोगों का मकाँ वीरान तो होता ही है

पानी की तहरीर को जो वक़्त पर पढ़ ले कोई
ऐसे व्यक्ति का यहाँ गुणगान तो होता ही है

गर मुक़द्दर से किसी को रहनुमा मिल जाए तो
'रश्मि' मुश्किल रास्ता आसान तो होता ही है।